das unerhörte zwischen

Die Wortstellerin Iris Welker-Sturm experimentiert mit Sprache und Bildender Kunst. Sie nimmt Worte und Welt-Bilder in den Blick und stellt sie zur Rede: wortwörtlich, bildhaft, lauthals und als TextObjekt.- Aufgewachsen in Mannheim, lebt, schreibt, malt und unterrichtet sie seit 2001 in Darmstadt. Neben wissenschaftlich-pädagogischen Texten hat sie in zahlreichen Anthologien und Literaturzeitschriften Gedichte und Kurzprosa veröffentlicht. Ihre Lyrik wurde u.a. nominiert zum Wilhelm-Busch-Preis, zum Literaturpreis des Bonner Instituts für Integration, zum Jokers Lyrik-Preis, zum Landschreiber-Preis und zu ‚Stimmen gegen rechts' von ver.di. Zuletzt hat sie den Landschreiber-Wettbewerb 2014 gewonnen (1. Platz in der Sparte Lyrik).

Iris Welker-Sturm ist im Vorstand der Gedok FrankfurtRheinMain (Gemeinschaft der Künstlerinnen aller Sparten), Mitglied in der Literaturgesellschaft Hessen, in der Textwerkstatt Darmstadt und im Deutschen Schriftstellerverband.

Zum Buch:

Mit „das unerhörte zwischen" legt Iris Welker-Sturm ihren zweiten Gedichtband vor. Die Tuscheminiaturen zeigen die künstlerische Mehrdimensionalität der Wortstellerin; sie sind Teil der tagebuchartigen Reihe Mokka Kaos, die sie gewissermaßen aus dem Kaffeesatz liest oder zeichnet, um - hier mal ohne Worte - der mentalen Bedeutungsbildung auf die Spur zu kommen.

Mit dem Band „...und zur Begrüßung hab ich tschüs gesagt" (Patio Verlag) trat Iris Welker-Sturm erstmals als Lyrikerin in Erscheinung. 2005 folgte die Studio-Produktion einer Textkonzert-CD mit dem Titel „who bin i?", mit der Begleitmusik von R. Basaran und L. Williams.

www.diewortstellerin.de • www.wortstellerin.de

das unerhörte zwischen

gedichte
& mokka kaos

▼

iris welker-sturm

VERLAG
AUF DER
WARFT

Bibliografische Information der Deutschen Nationalbibliothek:

Die Deutsche Nationalbibliothek verzeichnet diese Publikation in der Deutschen Nationalbibliografie; detaillierte bibliografische Daten sind im Internet über http://dnb.dnb.de abrufbar.

ISBN 978-3-939211-88-4

Umschlaggestaltung: Anne Breitenbach; Abbildung Cover: Iris Welker-Sturm.

Portraitfoto Autorin: Silke Rummel, Volker Hilarius.

1

navigation in zentralperspektive

2

who bin i?

bin i zwie
bin i bi?
sin noch annere
drin in mi?
un wenn i si
wi krieg ichs hie
wi find i si
mei ureigenscht i?
mei ganzes lewe
spielt um sie
siehs aber nie
schließlich find i mi
im innere zwiespalt
zwische i un mi
bin i bi
un absolutely i.

wohnung bezogen
auf zeit eingerichtet
sesshaft
mauern. dach.
hier überwinterte ich.
für den frühling habe ich
fenster und türen beantragt.

die polizei ermittelt schon
wegen des verdachts
auf glücksspiele.

die, **die mich treibt**
die mich entleibt
die, die zu übertreibung neigt
manches vergeigt
sich ungefragt verzweigt
den vogel und
den weg mir zeigt
auch die, dies gern
mit männern treibt
mir viel verzeiht
sich an mir reibt
die alle zeit mir übrig bleibt
die hab ich mir
jetzt
einverleibt.

6

ich hab gewicht

zwei kilo po
drei kilo brüste
vier kilo bauch
fünf kilo hüfte
und auch der hals
trägt ein gewicht
innereien, gekröse, gebein
der rest-
das wird wasser 7
und säfte sein

doch wer gewichtet
was dazwischen ist?
wenn du das bist
bin ichs wohl nicht.

manchmal da bin ich
manchmal da bin ich nicht
manchmal da bin ich nicht
bei mir
manchmal da bin ich nicht
bei mir zuhause.

dabei komm ich
dabei komm ich nie
dabei komm ich nie
ohne grund zu mir.

manchmal gönn ich mir
manchmal gönn ich mir auch
manchmal gönn ich mir auch
ne kurze pause
auf meinem weg zu mir.

moi stadt des is mannem,
do bin isch gebore
de deifel hot net im galopp misch
verlore
un weil oder trotzdem is aus mir
was worn.
zwar hot ma om ofang efter
gesacht
moi sproch deet ma schade
kä schul un kän laade det so äni
nemme, do nitzt a kee flenne
die hochdeutsche sprach
die misst ma schun kenne
sunscht blieb ma net
ungeschorn.
ach, du liebe kacke, hab isch mir
gedacht, die mäne, dass
der, wo vun mannem kummt,
der schwetzt als bloß schund

do gibbts noch baracke un
“arbeiterkinder”
un die sin all defizitär,
des heeßt bleed
un isch hab gelacht
un denne gesacht,
do gäbs doch a e kunschthall,
schule, theater, sogar
e universität, wo ma doch,
wonn ma will, was lerne dät
und die sprache, die dät sich vun
selwer finne wonn ma mit
annere leit zu due hätt.
un donn hab isch mer halt a
freundin gsucht, der ihr familie,
die war annerscht, die wucht! un
als hätt ischs geroche, die hawwe
all wunnerbar hochdeutsch
gesproche.

zwar ware se praktisch net so
geschickt, do hab isch awwer
erscht schpeter donn
durschgeblickt.
die höhere-töchter-schule,
in die ich dann ging, fand
unterschicht-dialekt unziemlich,
schlimm, brav legt ich ihn ab –
was wieder konflikte in meiner
ursprungsfamilie gab. arrogant
fand se mich und
iwwerkondiddelt un hawwe
misch nur noch mit fräulein
betitelt. ich wollt wohl „was
besseres“ sein.
darauf ging ich nicht ein, fühlte
mich gar geehrt, ging eifrig zur
schule, wo man mich fremde
sprachen gelehrt,

weil das zu einem gebildeten
menschen nämlich einfach dazu
gehört.
danach abi- uni - psychologie
und sprachwissenschaften
betrieben, erfahren, was dialekte
ursprünglich waren
und wie wichtig die
mehrsprachigkeit
in der kunst sowie
in der poesie...
und da wars an der zeit
für ein innerview
um mich zu besinne
mei ursprüng, mei stadt
un die eigene sprachmelodie
zurück zu gewinne
un des is
was isch du.

dein finger
fühlt sich kühler an
als deine resthaut
zart mit engelszungen
streichst du mir
galant um meinen bart.
dein kuss schmeckt
überrascht
nach nichts
er hangelt sich nach mehr.
kann schon sein
dass ich dich begehr
kann aber auch sein
dass ich dich
gar nicht mein.

sag, hörst du mich?
mein herz ist seltsam still
es schlägt fast nicht
ich hör es selbst kaum mehr

sag, spürst du mich?
mein körper klamm
bewegt sich nicht
ich fühl mich selbst kaum mehr.

kein mensch um dich
der raum ist leer
ich find mich selbst nicht mehr.
sag, suchst du mich?

von nichts kommt nichts
null komma nichts
wenns hoch kommt
also: wenns mir hoch kommt
kommts nicht von nichts
aber manchmal kommts mir
von nichts
und ich hoch von null.

ich steh zu dir
doch
ich steh dir nicht zu
komm, setz dich zu mir
doch
setz mir nicht zu
dann
mach ichs mit dir
und mach nicht zu.

jeder fehltritt
ein kind
jedes kind
einen zahn
jede stufe zur weisheit
einen mann
ex
nonne oder hex?

alles was ich an dir seh
bin ich nur selbst
im spiegel.
wie ich's auch wende
oder dreh
ein schlag von dir
tut doppelt weh.

noch schweigt der tag
und zarte nebel halten
den mond
in seinem wahn
die erde schont sich noch
in bittrer kälte
sie wartet
auf den kuss
der kommen mag.

ein regenbogen
am himmel sein
regen und sonnenschein
farbe verleihn
vielfache tonarten wagen
und eine brücke schlagen
neue wege
ins blaue hinein.

18

es geht um nichts
als das leben
um nichts geht es mehr
als das leben
es geht um nichts mehr
um nichts mehr
als das leben
um mehr geht es nicht.

klammheimlich
habe ich mir
eine zweite gebärmutter
zugelegt
um mich in ruhe zurückzuziehn
bis zur reife zur wiedergeburt.

ja, muss man denn hier
alles selber machen?

nach fremden ufern
ziehts ihn nicht
mein fisch will eher
zu frischen gewässern
verzichtet auf
den gedeckten tisch
überläßt das essen den essern
er gründelt nicht gern
und vor allem nicht lang
nimmt lieber
jede gelegenheit an
wo er losfliegen kann.

und ich?
ich halte die lampe
an der startrampe.

ein kleiner vogelschatten
schwebt unten
übern berg
die linien weich
und ungenau
es glitzern sterne
blitzeblau
ich schlucke spucke
ohren stau
zwerg-ich
der erde entbunden
träume auf wolkenmatten.

und ich verort
mich dort.

nachts kommt er
der blues
still für mich allein
steigt leise
durch geheime pforten ein
streicht honig
auf meine wunden
die längst überwunden geglaubt
weiß gott
ich bin mir verbunden.

ausschreiten
den raum
wände über grenzen
durchschaun
vermessen
der zukunft vertraun.

all die bekannten hab ich geladen
nach dem bruch
zum fest im großen rahmen
mal sehn, was sich so tut.
und alle kamen –
den **marktwert** zu schätzen
es warn insgesamt gut
zwanzig mann mir zu gefallen:
sigi, der schwätzer,
mike, der petzer
karl, der müde, frank, der prüde
rolf, der betagte, pit,
der beklagte gott und die welt
und wolfgang, der von niemand
was hält - alles fehlanzeige.
und - was besonders frustrierend
ist:
dass du noch immer
der beste bist.

ob ich denn jetzt alle männer
hasse, fragt mich verstört
ne frau, so ne blasse
und meint dann voll
im ernst ich soll
mich nicht geniern den ihrn
zu probiern, der wär ganz toll.
sie will mich kurieren
meint, sie machts gut
doch ich, ich spüre wachsende
wut, nehm all meinen mut
und sag zu ihr gut,
ich werde ihn testen
sie soll ihn schön mästen
damit ers auch durchhalten tut
und garantien gäb ich keine
dass er dann wieder
zurückkommt der kleine -
da zog se leine.

tag & nacht
zeit & acht
geld & macht
lieb entfacht
viel gelacht
nach gedacht
mich nicht
um gebracht
ziel & mut
hab & gut.

und immer wieder diese eine
frage ob ich das alles selbst
erlebt und ob das alles so
gewesen. ja, sag ich, klar,
ich bin ein vielgestaltig wesen
und kann mit meinem
hexenbesen
vom mann mich in die frau
verwandeln
als göttin und als hure handeln
ich war auch dabei als die erde
gebebt, bin todkrank gewesen
und wieder genesen
auf wolken geschwebt und
mindestens fünfmal abgelebt
das letzte mal direkt am tresen.
klar war das ich.
und ihr könnt sagen
ihr seid dabei gewesen.

28

schlagschatten überspringen

es ist was es ist

sagt die liebe bei fried
immer wieder.
zu schade, dass er
schon gestorben ist
ich wüsst nämlich gern
was die liebe sagt
wenn nichts mehr ist
was es ist.

hommage an pastior posthum

om asch/ an pas/ tior post
hum om/ asch an/ pas tior
post hum/ om asch/ an pas
tior post / hum om/ asch an
pas tior/ post hum/ om asch
an pas/ tior post / hum om
asch an/ pas tior/ post hum.

Past an post hum/ asch
an ior asch pas /hum
post an ior om/ pas
om asch pas an /pas.

Om asch /an pas tior
asch an/ pas tior /om
an pas tior/ om asch
pas tior /om /an asch.

mitunter ein wort
ein sagen
ein klagen
einen weg zeigen
sich verneigen

mitunter ein wort
tanzt aus dem schweigen
und trifft
mitunter ein Wort.

zwo null vier zehn
was fehlt ist
sex und acht.

gen süden

westwärts ging ich
und dann wieder süd
durch wicklow
meist früh auf und lang
bis in die nacht
von städten weit
wie von der menschen lied
gelebt mit sonnenschein
und mondes sanfter macht.
ich kannte sterne, blumen, vögel
viele,
die graue winterseite von
manch dunklem tal
und nur noch ungenau der
menschenwörter ziele
im zwiegespräch mit bergen,
moor und wasserfall.

(nach einem text von j.m.synge)

34

eine sprache hinter

worten unverwandt

eine fährte zwischen

menschen unbekannt

eine zarte ahnung

eine schnur ins all

gespannt.

lieblingswort: zeitnah

zeitnah - nicht bald
und auch nicht sofort
zeitnah ist greifbar
und nicht weit fort
zeitnah hält abstand
und bleibt auch dort
läuft nicht wie sonst die zeit
immer fort
zeitnah das bannt offenbar
die zeit an den ort.

luise büchner –
dreht sich im grab.
habe nun ach, mit heißem
bemühn uns frauen rechte
erkämpft, hausarbeit,
handarbeit, kinder erziehn
und die kosten des haushalts
gedämpft,
die entwicklung des geistes
darob nicht vergessen, stets
nach höh'rem gestrebt und
ganz ohne verachtung
dessen oder der, die dem
alltäglichen lebt, gelebt.
auch die müh'n des erwerbs
außer haus gekostet, mich
eingesetzt für frauenbildung
und lohn auf dass weder
körper noch geist verrostet.
hab auch in mir stets

bekämpft, was als
sentimental, schwärmerisch,
flatterhaft oder banal gelten
könnte, man nennt mich
gebildet und nicht nur
gelehrt, und man hat mich
als schwester von georg
geehrt.
doch frag ich mich
manchmal schon, wars das
wert - mehr als ein halbes
leben dafür zu geben?
bildungschancen für fraun
gibts zwar schon und manch
eine frau ist in brot und lohn
doch sicherheit, würde,
besitz, position - kurz –
die gesamtgesellschaftliche
situation
spricht meinen zielen hohn.

ich wär gern ein
poetry-slammer
im linden abenddämmer
im stillen kämmerlein
fallen mir auch manch gute
slammer-hämmer ein und ich
steiger mich rein denn ich will
ein poetry-slammer sein.

Allein - wie ein echter
slammer-könner
die worte mit glamour und reim
rhythmisch skandiert frei ins mikro
zu schrein
da spür ich verschiedene hemmer
hab angst vor nem klemmer
das hindert mein werk
als wort-laut-schlemmer.
wenn aber ihr hier als kenner
und slammer-gänger sagen würdet

das ist der renner, das wolle mer,
das nemme mer, dann stemme
mer das, dann wird's leichter für
mich und auch schenner:
bringen wirs auf einen nenner:
es bleibt wohl das
slammer-dilemma:
vor euch steht hier so ne emma
zwar ist die der poetry-slammer
ohne euch aber steht sie hier
jämmer lich allein
und ihr fällt absolut nichts ein.
....und wenn ihr da sitzt
wie die lämmer im slammer-
dämmer
holt mich das slammer-dilemma
ein und ich stell mein
slammer glamour wort-laut-
schlemmer-dasein ein.
fer emmer!

fakt is

kontrakt is
a pakt is
wenn praxis
beknackt is
gelackt is
was gsagt is
abghakt is
im sack is:
fuck! fakt is.

42

die buschtrommel 43
hat an mein ohr
gerührt

das unerhörte zwischen
den zeilen lesen
alle warnung
in den wind schreiben
mit dem schlimmsten rechnen
und selbst am ende
für unaussprechliches
gute worte finden.

nachricht nach richterskala
(märz 2011)

in nahost eskaliert die gewalt
fernost ist viel weiter.

wissen wo man steht
und zu gehen wissen wann
wohin und wie man geht
und man selbst
zu bleiben wissen
wenn die welt im kreise dreht
stumm nicht bleiben müssen
nicht nur zu zu sehn
wissen dass
wir dafür stehn.

wenn man sich nur noch
von **gipfel zu gipfel**
bewegt,
führt schon der erste
lösungsschritt
zum absturz.

so isses
das hab ich gesehn
so isses
und das ist nicht schön
schön wärs
wenns schöner wär
dann bräuchts kei gegewehr
und hätt kein halten mehr
und ich könnt schön damit leben.

aber so isses nun eben.
ich könnt mir
die kugel geben.
aber ich könnte auch lachen
und es mir einfach
schöner machen.

an sliabh mor

der slieve mhore
verschleiert sanft
die kühle schwarze glätte,
die ihm wind und armut schliff
liebend gern hätte
er grüne sanfte
hügelarme ausgestreckt
ein schiff gelockt vom meer
mit leben
diesen nackten strand
und das verlassne dorf
zu füllen.

ich bin geboren
mit dem grundgesetz
es war keine leichte geburt
die eltern, über sich selber
entsetzt
wollten vor allem vermeiden
nochmal solch einen
schiffbruch zu leiden
das leben das hatte sie gründlich
gelehrt was verkehrt 48
aber vorbilder hatten sie nie.
und gesetze und menschenrecht
sind nicht gehirngerecht
sie verbieten oder stellen fest
und lenken so energien ins
nirgendwo.
heruntergebrochen schon
die ideen der großen revolution
freiheit, gleichheit,
brüderlichkeit,

ausgehöhlt vom zahn der zeit
kriegsversehrt und netzverzerrt
im wahlkampf hingeplärrt
als wären sie reine utopie
verlieren sie
verlieren wir
verlieren wir sie
die demokratie.

der ball ist rund (30.6.2006)
tut mir die stimme
aus dem radio kund.
ich hab ein recht darauf
ich darf
straffrei und ohne kosten
bei bedarf
die früchte meines leibes
in den orkus schicken.
dafür zu zahlen wäre eine straf;
man garantiert mir öffentlich
dass dieses recht
nicht angetastet werden darf.
ich bin begeistert und
der ball ist rund.

ein kind dagegen
in die welt zu setzen und
großzuziehen – halbwegs gesund
das ist privater luxus

das muss man sich leisten
können und
- das mag mich zwicken –
dafür zahl ich natürlich selbst
den unterhaltsbedarf.
wüsst wer für andres einen
grund? der ball ist rund.

will ich die früchte
meines geistes kultivieren
zur arbeit fahren oder gar
studieren
dann zahl ich brav
dafür, dass ich nen beitrag
zum gemeinwohl leisten darf.
und halt den mund.
der ball ist schließlich rund.

schlaf, robert, schlaf,
solange man's noch
ohne strafe darf
in dieser super herde bin ich
gerne schaf unter schafen
wir singen deutschland,
deutschland und
der ball bleibt rund.

53

Nachrichten am 30. 6.2006:
Halbfinale der Fußball-WM,
Robert Gernhardt gestorben,
Ergebnisse der Steuerreform
(Wegfall von Steuerentlastungen
für Fahrten zur Arbeit und
Arbeitszimmer; Kinder ohne Job,
Kindergeld etc.);
sog.Gesundheitsreform
(kostenfreie Abtreibung bleibt
erhalten, Beiträge insgesamt
erhöht); und Studiengebühren.

die buschtrommel hat
an mein ohr gerührt
trotz schlangengeklapper
und affengeschrei.
im traum hab
ich wieder
den ehrgeiz gespürt
und sonst noch so allerlei

ich aber schrei
was vorbei sei vorbei
damit neues gedeih.

nach langer suche
hab ich meinen turm erkannt
ein **zimmer mit aussicht**
vakant sagten sie
und zeigten die leiter

mein fuß sucht halt
die hand tastet weiter
doch schon auf der zweiten
sprosse zerbricht die leiter

war nur ne attrappe
aus schaumstoff
und pappe.

behaltet euren job

macht euren dreck allein
so viele ungedeckte wechsel
stell ich nicht
und lös sie auch nicht ein.
ihr seht nur auf die
allerletzte zahl
und meine unterschrift
passt nicht
ins vorgesehne kästel.
ich will nicht ewig wohlverhalten
demonstrieren müssen und leck
dem sch.
nicht den fuß
und werd ihn auch nicht küssen
auch dann nicht wenn ihr alle
sagt ich muss.
mein ziel wars nicht
der welt zu imponieren
doch geb ich zu

ich dacht nicht nur an muss
ich wollte etwas schaffen,
aufbaun, leisten und ich tus
auf eure hilfe, die der meisten
kann ich dabei verzichten.
ich gebs euch auf dem dienstweg
hochachtungsvoll
und gruß.

harmlos und
gekonnt gemacht
erschrecken mich
die gesänge derer,
die nach mir kommen.

mit dem öl meiner wunden
schmieren sie
die gestänge der maschinerie

rückstandslos verdampfen sie
meine utopie
blind, arglos ergreifen sie
was immer sie von uns
vorgefunden
übermalen mit bunten farben.
legt lieber brandsätze
an meine narben!

man geht

bevor man geht.
man fühlt man wird gegangen.
und was im raume steht
ist irgend mitgehangen.

verdeckt noch ist, wer dreht,
wer ist im rad gefangen,
wo wird man schließlich
hin gelangen,
wann ist zu spät.

immer mehr hessen hören
den ganzen tag hr1:
sie hören vom prof der fh
der holt seine liquidität
aus dem supermarkt
mit hr1 am start
vom sprecher der
hypo real estate
der begrüßt das rettungspaket
von nunmehr 50 milliarden
und hr1 bewegt
der finanzminister betont beredt,
dass sich der rahmen der
bürgschaft nicht ändert;
er besteht
jetzt aus 50 milliarden,
und er gesteht, dass auch er die
sache erst spät aus der presse
erfahren. und hr1 bewegt
und dann das wetter

und dann
ein längeres interview zum
gebaren des trainers wie lang
er sich halten kann ohne erfolg.
der experte beruhigt
so viel geld sei in ihn gesteckt
er sei ein echtes prestigeobjekt
deshalb könne man ihn
nicht gleich wieder feuern
den mann. und hr1 bleibt dran
die presserundschau, gerafft,
meint die soziale marktwirtschaft
habe entschieden an glanz
verloren
doch brad pitt seien
zwillingskinder geboren.
und dann wichtiges
zum verkehr
mit aktuellem staumelder.
soviel belegt: ja--hr1 bewegt!

ranking-king

wie finden wir die besten?
wir testen – wir testen
sortieren in kästen
nach testen
die testen was wir testen
können.
was tun mit den resten?
wir testen – wir testen
und zeigen den besten
wie auch den resten
dass wir sie längst
am besten kennen.
wir testen. wir testen
weiße westen
für kasten und für kästen
wir testen
und halten uns alle zum besten.

und wer nicht durch unsere
raster fällt,
wer also so ist wie wir –
den zertifizieren wir.

vom garten die hecke
vom tisch die bestecke
von der kopfhaut die zecke
vom bett nur die decke siehst du.
was wunder wenn ich mich
schleunigst verstecke.

ion – aeon
und das auch noch schwer
aeon – ion
was forscht da wer?
ion – aeon
wo kommt das her?
aeon – ion
urknall und mehr
ion – aeon
aufgeladen die erdatmosphär‘.

nicht vater land
nicht mutter sprach
muss lernen
hat gesagt

alle gleich hier
hat gesagt

nicht so sagen
hat gesagt

hat gehängt
deutsch fahne
präsident

muss machen
wie die:
alle machen.

papa musste immer arbeiten.
er hat ja uns.
mama konnte nie arbeiten.
sie hat ja uns.
jetzt hat papa die arbeit verloren.
da ist nichts mehr zu machen,
sagt er.
mama aber sucht danach.
was, wenn sie sich wiederfindet?
sie haben ja **immer noch uns.**

worte gegen rechts
ausrichten
wo schweigen nichts
aus - aber anrichtet.

worte von rechts wegen
gegen rechts zurechtlegen
fragen zu recht stellen
gegen die vorschnellen
mitdenken einschalten

rechte und recht
im auge behalten.

ohne gegenüber
bleib ich blind und kahl
fahle, unberührte haut
in des lebens wartesaal.
ohne gegenüber
bleibt mein land
unbestellt und unerkannt
deine meine hand
gebannt.

ohne gegenüber
bleiben meine träume
stumm
fliegen und gespenster
speisen bloß erinnerung.

der kater

macht beim herz
spagat

der erfahrene flirter
weiß es genau
er sagt zu einer schönen frau
sie sei wunderbar klug
und schlau
so kann man die schönen
am besten verwöhnen.
doch bei einer klugen wird
andres sich lohnen,
ihr sagt er galant, sie sei schön 70
und charmant, das müsse er
wohl nicht betonen.
schwieriger ist eine sache
gelegen wenn er entgegen
üblichen wegen
von einer meint,
dass sie klugheit
und schönheit vereint.
will er hier eindruck schinden,
muss er beides verbinden.

doch so einfach ist die sache
mit den frauen nicht,
sagt er beides,
glaubt sie ihm nicht
gibt dem gesülze kein
rechtes gewicht.
echt ein dilemma
für peter und emma.

mann & frau
das erkennt
sich nicht immer
mann & frau
das bekömmt
sich nicht immer
mann & frau
das benemmt
sich nicht immer
verbrennt sich manchmal
auch die finger
mann & frau
das verrennt sich
und das enthemd sich
und das bekömmt sich
nicht immer
doch das
entkömmt sich nimmer.

mein bild steht kopf
auf einem beistellschrank
ein kuss als dank
der kater macht
beim herz spagat
auch der salat ist angerichtet
drei messerbänkchen blank
gepaart
aal und kartoffeltopf im
angesicht
champagner perlt im glas
und stets im blick
das glück
des neuen jahrs.

du hast dich so verhalten

abgewandt war dein gesicht
und deine augen sahen dich
an mir vorbei
der wassernixe folgtest du
bis auf den grund der see
in deinem namen
rief ich dich
blieb lang noch
in der näh
doch auch
beim ersten
hahnenschrei
erkanntest du
mich nicht.

fragen einer denkenden frau:
der gemachte mann - wer hat
ihn gemacht?
der mächtige - wer hält ihn an
der macht?
das gemächt - wer macht es
mächtig?

sybillinische antwort einer
dialektsprecherin:
mecht doch nix....

so manche kröte
hab ich schon geschluckt
beim edlen wettbewerb
im frösche küssen
hab sie auch
irgendwie verdaut
mich immer wieder neu getraut
und ganz besonders coole
sogar ein wenig abgetaut.
für einen oder zwei davon
hab ich quellen gefasst
und brunnen gebaut
ihnen zeit gelassen
nur zugeschaut
wie er sich wandelt, sich entwickelt
und hab dann erst gehandelt.
und plangemäß
hat er selber dann angebandelt...
und hat sich nicht nur küssen
lassen

er hat sogar zurückgeküsst
und da dachte ich,
dass das nun endlich mein
märchenprinz ist.
voll hoffnung hab ich
ihn gegen die wand geklatscht.
und er?
was hat das seltsame tier gesacht?
es hat nur „platsch“ gemacht.

irgendwie funktioniert das nicht
wie im märchen.
da hat wohl einer von den grimms
mal wieder was dazugedicht.’

aber da man als frau
ja gar nicht so ist
hab ich den mist
dann halt wieder
aufgewischt.

ich zog dich aus
der bitternis bot ich ein
halt los lachen
wir pflegten sorgsam
unser golden vlies.

du ließt mich hießt dich
tausend sachen machen
und ich genoss genieß die kost
barkeit bewies.

dann hast den spieß
du um mein lachen
ausgedreht
entschieden gegen
mich gewendet
finsternis, verfall
vorab verfügt
sorgsam auch dies
verlies.

auf einmal warst du fort
kein wort
kein lachen
kein wähnen kein schämen
kein lähmen und
auch kein verbrämen.
hier sei kein hort.

nur deine sieben sachen
blieben dort
sie taten so
als seist du nie gegangen
gingst du nie
als hielte dich das wort.

80

und zur begrüßung
hab ich
tschüs gesagt
so wurde ich
empfangen
wie ein seltner gast
dem man kuchen, tee
und die neue serviert
und trefflich
haben wir diskutiert
die weimarer zeit
und wer da was verliert.
und dann
endlich
wars soweit.

ich habe **deine stimme**
mir gestohlen
sie sagte mir
ich lebe noch
ganz unverhohlen
lockt sie
die schleusenwärter
weg von orten
wo sie hinbefohlen
ein hauch, ein klang, ein ton 82
birgt ihre schwingung
schon bläht mein atem
segel zwischen koseworten
du fühlst dich
führst mich
in mich ein
und ich
ich öffne
geheime pforten.

ich warte dich
hast du gesagt
und hast mich wohl gewartet
und sanft geführt
die hand ins land der wunder-
samen wasser unerforscht
und so geartet,
dass sie weiter ziehn
ins innige hin
auf atemzipfeln gleiten
über wellengipfeln und
eine wellenzunge lang
lecken am sand
bis deine wilden wogen
sich mit meinen
strömend vereinen.
ich warte dich
hast du gesagt
und du tatst gut an mir.
ich ward auch dir.

deine geliebte
möcht ich heißen
für und für
eine zeit
im garten der lüste
zeig ich mich dir
wunderbar
angreifbar.

du hast mir
einen arm voll
grünzeug mitgebracht
und ließt mich aus dem stall
ganz unbewacht
durch sieben
brombeerhecken
lotst du mich
tanz musik überall.

dir möcht ich
im dunkeln begegnen
heut nacht
wenn du
nach meinen
lippen suchst.

in deiner haut
möcht ich stecken
wenn ich dir
zart die schenkel streiche.

im eigenen saft
möcht ich ewig schmoren
wenn du
aus meinen heißen
quellen trinkst.

und ungeahnte wege
bahnst du mir
salbst mich
mit edlen ölen
sanfter hand
erkundest neuland
und
streichst lust
in 1000 höhlen
bergen wir
kostbaren fund.
mein mund
läuft über
will von dir
erzählen.

zu spüren
gestern
warst da du
und das war
recht und gut
und wissen
wie nun dieser leere
raum zu füllen wäre
und glauben
dass dus willst
und tust
ist schon alleine
die reine
lust.

der sagt, er wolle diskret sein
und erwarte das auch von mir
der, seine ehefrau sei schließlich
auch dafür,
der sagt, er wolle verheiratet bleiben,
dieser, er lasse sich sowieso scheiden.

einer, der redet immerzu vom verkehr,
dieser, der will mir auf reisen
vitalität beweisen, der fordert hingabe,
will sonst nicht mehr, und dieser ahnt
voller erschrecken, ich könnte die lust
bei ihm wiedererwecken.

glauben sie, das macht mich an?
mit so einem leg ich mich - an?
all die geier lass ich weiter eiern.

nur wer das spiel kennt von wolke
und regen, nur so einer hat meinen
segen, kann ursprung und leben - feiern.

90

canzone

ganz ohne
dich will ich
nicht ganz
ohne dich
will ich
nicht ganz ohne
dich will
ich nicht
ganz ohne
dich will ich
nicht
ganz ohne
dich.

Meret Oppenheim
(zum 100. Geburtstag)

Die Texte spüren der Biografie von M.O. nach in fünf Phasen, die jeweils Lautspielereien zu ihrem Namen zugeordnet sind:
*mehret oppenheim – Familie, Geburt, Erster Weltkrieg, Exil, Kleinkindphase
*meretlein – Namen (die Kindhexe aus: Keller, der grüne Heinrich), Ich-Werdung,
*ob'n heim – Paris 1932ff, junge Frau im Kunstmarkt, Kampf dem Objektstatus
*meer@oppenheim – Positionssuche Basel 1937ff, Depression, 2. Weltkrieg, offene Ehe, eigenständig als Künstlerin
*merit oppenheim – Bern, Paris u.a. 1952ff, Integration, Akzeptanz, Erfolg, vorhergesehen/gesagter Tod 1985
Die Elemente in GROßBUCHSTABEN sind Werktitel, Notizen aus dem Traumtagebuch oder Aussagen von M.O.

mehret oppenheim

irrtumslos erkannt
mein soll sein
begehret, betöret
ein kindlein bescheret.
klein sein, im STEIN sein
die DREIZEHNte fee die tafel
beehret
beitrag wort ab
ins drittvierte glied versehret
im rudel der wölfe
anders allein sein
VATERLAND GÄRET, zieht ein
Mutter und kindlein
grenze queret
rett OPPENHEIM.

MERETLEIN

ANDERS SEIN, SCHÖN sein,
MY NURSE und herzelein klein
ABWESEND abgewandt,
vermaledein
der dreizehnten fee
eine stimme verleihn
FEUER wie SCHLANGE und lilith
strafe muss sein
im keller im käfig im schrein
FÜCHSLEIN ZEHREN
namhaft GEBEIN
mit GRÜNSPAN, BROKAT
den felsgrat passieren
ins offene MESSER
ÜBER DEN BÄUMEN
das leben beleihn
HUSCH HUSCH,
SCHÄDEL im händchen
EMERENTIA würdig sein.

Ob n heim

EDELFUCHS morgenschwert
für KASPAR kein schwein
kam LUNGE UND LEBER
abhanden
AUSGESTELLT ABGEWEHRT
stellt sich anheim
DRUCKfrisch gepresst
ABENDKLEID, BÜSTENHALTER
allerlei schein
GEFEDERT, GETEERT
ob SUBJEKT OB OBJEKT auf leim
von GREISEN gestört
PACK PELZ auf die SCHENKEL
love bombing, SCHLÜSSELLOCH
snapping, rast ein!

meer @ oppenheim

häher kommt näher
world OUT OF HER
trauma und MÄR
kanniba kapita mit muss
FEST fruchtbar verkehr
EINFÄLLE FALLEN
GETRAGEN VOM MEER
CORPUS DE FACTO de ficti
FREIHEIT GENOMMEN
SCHACH catch and care
SUPPENLÖFFEL in hälse quer
zum himmel die leiter
ZUM FRÜHSTÜCK KEIN
ZÖGERN KEIN ZITTERN
MEHR HAIR.

merit oppenheim

meteorit
SCHACHBRETT und tritt
ALL ABOUT EVE
UROBOROS mit
HENNE UND EI es sei
DER TRAUM VON
VERWANDLUNG EN SUITE
BEISS IN DEN APFEL
versäum DICH NIT
spannseil zum HERMAPHRODIT
schlürfwörter wortschlüsse
schlusswörter fortschlüsse
DURCHSTANDENE FREIHEIT
merets merit – PREVIOUS
DAS ENDE vom lied.

inhalt:	seite